CAHIER DES CHARGES GÉNÉRALES

DU 5 FÉVRIER 1908

POUR LES FOURNITURES

DE

COMBUSTIBLES MINÉRAUX

POUR GÉNÉRATEURS A VAPEUR

A FAIRE AUX ÉTABLISSEMENTS

PARIS

HENRI CHARLES-LAVAUZELLE

Éditeur militaire

10, Rue Danton, Boulevard Saint-Germain, 118

—

(MÊME MAISON A LIMOGES)

Cahier des charges générales pour les fournitures de combustibles minéraux pour générateurs à vapeur à faire aux établissements.

Paris, le 5 février 1908.

Article 1er.

Nature de l'adjudication. — Dépôt des soumissions. — Conditions d'admission des soumissionnaires.

Les adjudications de combustibles pour générateurs à vapeur sont des adjudications sur concours d'échantillons et de prix.

Par dérogation aux indications de l'article 33 de l'instruction du 15 juin 1903 pour la passation des marchés du Département de la guerre autres que ceux relatifs aux travaux de constructions militaires, les soumissions pourront être remises ou adressées au membre technique de la commission d'adjudication postérieurement à la date indiquée comme délai extrême du dépôt des échantillons et même en séance d'adjudication.

Sont seuls admis à soumissionner, les propriétaires ou exploitants de mines françaises, les fabricants de coke et de briquettes dont les usines sont en France, ainsi que les marchands en gros dûment patentés.

Article 2.

Qualité des charbons.

Les charbons doivent être de fraîche extraction, de bonne qualité et répondre aux conditions énoncées plus loin. Ils doivent brûler sans engorger les grilles des fourneaux et sans attaquer soit ces grilles, soit les tôles des générateurs. Le minimum de gailletterie qu'ils doivent contenir est fixé, s'il y a lieu, par le cahier des charges spéciales. La gailletterie ou grelassons est le charbon ne passant pas à travers un crible formé d'un seul rang de barreaux ronds espacés entre eux de 20^{mm} avec inclinaison à 45° ; le menu est le charbon passant à travers le même crible.

Lorsque le charbon présenté sera à texture lamelleuse, l'essai de gailletterie au lieu d'être fait à l'aide de ce crible, le sera à l'aide d'une table à secousse à trous ronds de 40^{mm} de diamètre. On considérera comme formant la gailletterie (ou grelassons) le charbon ne passant pas à travers cette table.

Article 3.

Qualité des agglomérés.

Les agglomérés doivent être fabriqués avec des menus de fraîche extraction, en briques parallélépipédiques d'échantillon uniforme de 2^k,5 à 10 kilogr., dures, sonores, homogènes, peu hygrométriques, à peu près dépourvues d'odeur.

Leur cohésion est constatée d'après les procédés ci-après : on emploie un appareil consistant en un cylindre creux en tôle de 90^{cm} de diamètre et de 1 mètre de longueur, sur la circonférence duquel sont disposées intérieurement trois palettes longitudinales de 20^{cm} de largeur, normales au cylindre et ayant la même longueur que lui. On commence par introduire dans cet appareil un poids de 50 kilogr. de charbon, composé de cent morceaux de briquettes de 0^k,500 environ, chacun pris au hasard et on le fait ensuite tourner pendant deux minutes à raison de 25 tours par minute, après quoi on en verse le contenu sur un crible percé de trous carrés de 0^m,03 de côté.

On recueille les morceaux restés sur la grille.

Par convention, le degré de cohésion est le rapport du poids des morceaux restés sur la grille au poids total essayé. Ce degré est considéré comme étant celui de la livraison. Le minimum de degré de cohésion est fixé à 0,50. Toutefois, ce minimum pourra être augmenté pour les approvisionnements destinés à séjourner en magasin ; les conditions à remplir seront alors mentionnées au cahier des charges spéciales.

Les agglomérés ne doivent pas renfermer moins de 14 p. 100 de matières volatiles.

Article 4.

Teneur en eau.

Les charbons et agglomérés ne doivent pas contenir plus de 3 p. 100 d'eau, le dosage de l'humidité étant fait comme il suit : on opère sur un échantillon de 25 à 30 grammes qui est chauffé jusqu'à poids constant dans une étuve maintenue à 100 degrés.

La perte de poids donne la quantité d'eau renfermée dans la prise d'essai.

Au delà de cette quantité, le poids d'eau est défalqué du poids à payer.

Article 5.

Teneur en cendres.

La teneur en cendres des charbons ou agglomérés présentés
à l'adjudication est mesurée sur des échantillons de 5 grammes
environ qui sont incinérés au four à moufle dans des capsules
de platine ou de porcelaine ; elle est calculée sur le charbon
supposé sec. On fait trois opérations dont on fait la moyenne.

Ne pourront être admis au concours que les échantillons dont
la teneur en cendres ne dépassera pas 12 p. 100.

Toutefois, les cahiers des charges spéciales pourront fixer un
maximum supérieur à ce chiffre, mais ne dépassant pas 15 p.
100 dans les régions où les charbons à teneur inférieure à
12 p. 100 seraient d'un prix trop élevé. Ils pourront aussi fixer
un maximum inférieur à 12 p. 100, en particulier dans le cas
où le charbon est destiné à être employé sur des grilles à mou-
vement automatique.

MODE D'ADJUDICATION.

Article 6.

Prix offerts.

La soumission donne le prix offert par tonne de chaque sorte
ou lot de combustible mis en adjudication, le combustible offert
ayant été défini comme il est dit aux articles suivants.

Article 7.

Définition du charbon.

Dans un délai fixé par les affiches et les avis au public, tout
concurrent doit avoir fourni au directeur de l'établissement une
note dûment signée et certifiée par lui, faisant connaître pour
les charbons ou agglomérés pour lesquels il veut soumissionner
et par lot mis en adjudication :

1° La provenance en donnant le nom de la mine, des puits et
fosses, et éventuellement, pour les agglomérés, l'usine de fabri-
cation ;

Et à titre de renseignement :

2° La teneur en cendres ;

3° La teneur en matières volatiles du charbon supposé sec,
c'est-à-dire déduction faite de l'humidité. Cette teneur est déter-

minée sur des échantillons de 1 gramme à 1 gr. 2 : on fait nor-
malement trois opérations dont on prend la moyenne ;

4° La composition, c'est-à-dire la proportion de menus et de
gailletterie (ou de grelassons).

Article 8.

Envoi des échantillons.

Le soumissionnaire doit également avoir fait parvenir dans
les délais indiqués par l'article 9 ou 9 *bis* pour chacune des es-
pèces de combustible qu'il se propose de fournir, un échantillon
dont l'importance est fixée par les cahiers des charges spéciales
à chaque fourniture.

Article 9 (1).

Concours de vaporisation.

L'adjudication est faite à la suite d'un concours préparatoire
ayant pour but de constater, par des essais, la qualité et la puis-
sance évaporatoire du combustible soumissionné.

1° La date de l'ouverture du concours préparatoire est fixée
par l'avis au public.

2° Les concurrents doivent se faire inscrire à l'établissement
avant l'ouverture de ce concours et y donner, en justifiant de
leur qualité, la définition de leur échantillon, comme il a été dit
à l'article 7.

Il leur est délivré un numéro d'ordre avec indication du jour
où doivent être arrivés à l'établissement le ou les échantillons
prévus par l'article 8.

Tous les charbons ou agglomérés destinés aux essais doivent
être expédiés directement de la mine ou de l'établissement pro-
ducteur.

Les soumissionnaires peuvent présenter une seule espèce de
charbon pour plusieurs lots, quand même ces lots seraient des-
tinés à des chaudières de types différents, pourvu que ce char-
bon soit susceptible d'un bon emploi pour ces diverses chau-
dières.

3° Le charbon admis à l'essai est reçu en présence du pro-

---

(1) Les établissements spécifient au cahier des charges spéciales à la
fourniture celui des deux articles 9 ou 9 *bis*, qu'ils appliqueront pour les
essais de vaporisation. En principe, dans les grands établissements, on
devra recourir au mode opératoire décrit par l'article 9; le procédé
décrit à l'article 9 *bis* continuera à être employé, à défaut de l'autre,
dans les établissements qui ne disposent pas de l'installation nécessaire
pour exécuter les essais dans les conditions fixées à l'article 9.

priétaire ou de son représentant ; toutes les manipulations né-cessaires aux essais sont faites par les soins de l'établissement.

4° Le charbon est soumis à des épreuves de laboratoire, de façon à en déterminer la teneur en eau, la teneur en cendres, la teneur en matières volatiles. On détermine aussi sa composition. On obtient ainsi la véritable définition de l'échantillon soumis.

5° Les charbons qui sont reconnus préjudiciables à la conser-vation des chaudières, qui exhalent une odeur trop sulfureuse, qui ne peuvent pas brûler sur les grilles d'une manière satisfai-sante et de façon à pourvoir aux variations de production de vapeur qu'exige le service de l'établissement, ou enfin qui pré-sentent dans leur combustion quelque autre inconvénient grave, ainsi qu'il a été dit à l'article 2, sont rejetés du concours. Les motifs du rejet sont consignés dans un procès-verbal dressé par les officiers ou ingénieurs de l'établissement.

6° L'essai a lieu dans une chaudière de l'établissement, en présence de la commission d'adjudication ou de son délégué et du soumissionnaire, ou de son représentant dûment accrédité. Le soumissionnaire est avisé du jour et de l'heure auxquels son échantillon sera soumis à l'essai ; faute par lui de s'y présenter, il est passé outre.

Toutes les circonstances de l'essai et les résultats qu'il aura donnés sont constatés par un procès-verbal dressé à cet effet par les susnommés.

Il est procédé à l'essai de vaporisation comme il suit :

a) Dans chaque établissement, le service local choisit, pour l'exécution de l'essai, une chaudière fonctionnant dans des condi-tions satisfaisantes et aussi voisines que possible de la moyenne des conditions réalisées avec les autres générateurs de l'éta-blissement. Cette chaudière est explicitement désignée avec ses caractéristiques et son emplacement dans le cahier des charges spéciales.

Son tube indicateur de niveau est muni d'une règle dont la graduation correspond à des volumes d'eau exactement mesu-rés. Pour que les essais soient comparables, les chaudières voi-sines, s'il en existe, restent dans le même état pendant toute leur durée, et on maintient autant que possible dans la salle une température constante.

b) Sur l'échantillon présenté pour le concours préparatoire, on pèse la quantité de combustible nécessaire pour servir à l'ali-mentation du foyer pendant environ cinq heures et une certaine quantité (le dixième environ de la précédente) destinée à la mise en feu, cette seconde quantité étant choisie en gaillettes, quand le charbon présenté en contient.

Sur le reste on prélève un échantillon qui, après l'adjudica-tion, est enfermé dans une caisse cachetée en vue de servir de type pour les réceptions de l'établissement.

Le cahier des charges spéciales indique le poids des divers prélèvements ci-dessus.

c) Avant l'essai, la chaudière qui doit être employée est chauffée, et ses différentes issues sont fermées de telle sorte que, au moment de l'essai, la pression dans cette chaudière soit encore au moins d'une atmosphère un dixième.

Si la pression dépasse une atmosphère un dixième, on laisse décharger la vapeur pendant un temps suffisant pour revenir à cette pression avant de commencer l'essai ; on admet alors que la température initiale de la chaudière est de 102 degrés.

d) Après cette première opération, le niveau de l'eau dans la chaudière est ramené dans les limites de la graduation de la règle ; on s'arrange pour que le niveau de l'eau trouvé au commencement de l'essai soit au-dessus de la limite inférieure de la graduation. On allume ensuite la grille avec une quantité de bois sec équivalente à la quantité de houille choisie pour la mise en feu et on l'alimente avec celle-ci.

e) Dès que la pression a atteint dans la chaudière la pression normale de fonctionnement de cette chaudière, on ouvre la vanne de cette chaudière, de façon à diriger la vapeur dans le collecteur (ou, en cas d'impossibilité, on échappe la vapeur dans l'atmosphère).

A partir du moment où la vapeur est échappée, on constate la pression au moyen d'un manomètre enregistreur (ou, à défaut, on constate de quart d'heure en quart d'heure la pression marquée par le manomètre).

On constate également au moyen d'un thermomètre centigrade la température de l'eau servant à l'alimentation de la chaudière.

f) Le feu est conduit et le tirage réglé pendant toute la durée du chauffage de façon à faire fonctionner la chaudière autant que possible dans les conditions de la marche courante.

g) Pendant toute la durée de l'échappement, on introduit dans la chaudière par la pompe alimentaire une quantité d'eau exactement pesée ou mesurée comme l'indique le cahier des charges spéciales, tout en conservant autant que possible un niveau constant. On fait en sorte qu'à la fin de l'essai le niveau de la chaudière soit à peu près le même qu'au commencement et en tout cas dans les limites de graduation de la règle.

h) Après la dernière charge, dès que la vapeur est tombée dans la chaudière à une pression trop faible pour être envoyée dans le collecteur de vapeur, on ferme l'échappement et on ouvre les portes du foyer de la chaudière.

i) L'opération étant laissée dans l'état indiqué au paragraphe précédent, on se réunit pour constater le niveau de la chaudière après un laps de temps fixé par le cahier des charges spéciales.

j) Cela fait, pour déterminer la quantité de kilogr. d'eau supposée à la température de 0 degré qui pourrait être vaporisée par le charbon en essai, on se base d'une part sur ce que le kilogr. supposé à la température de 0 degré exige un nombre d'unités de chaleur égal à $606{,}5 + 0{,}305\,T$. (T étant la température de la vapeur au moment de l'échappement) ; d'autre part, sur les observations prescrites dans les paragraphes précédents ayant pour objet de constater, savoir : la contenance de la chaudière au commencement et à la fin de l'essai, la température de l'eau introduite et la pression de l'intérieur de la chaudière.

On fait la moyenne des pressions absolues constatées pendant la durée de l'échappement et on admet que la température T de la vapeur au moment de son échappement est celle qui correspond à cette pression moyenne ; on calcule ainsi le nombre des calories absorbées par la vapeur d'eau échappée ; on y ajoute le nombre d'unités de chaleur contenues dans l'eau de la chaudière à la fin de l'essai, lequel s'obtient en multipliant le poids d'eau restant dans cette chaudière par la température correspondant à la pression observée au moment de la fermeture de l'échappement.

De cette somme on retranche les unités de chaleur contenues dans l'eau de la chaudière au commencement de l'essai et les unités de chaleur contenues dans toute l'eau qui a servi à l'alimentation.

Le résultat de cette soustraction est la quantité d'unités de chaleur développée par la combustion du charbon. Si l'on divise ensuite ce résultat par 640, le quotient est la quantité de kilogr. d'eau à 0 degré qui pourrait être transformée en vapeur par le charbon expérimenté.

Le nombre ainsi obtenu représente en kilogr. le poids de l'eau à 0 degré qui pourrait être réduite en vapeur par la quantité de charbon consumée (y compris celle employée à la mise en feu) et constitue le résultat de l'essai.

D'après ce résultat, on calcule le poids du charbon nécessaire pour réduire en vapeur 1 kilogr. d'eau à 0 degré. Par le fait même que les soumissionnaires se sont présentés à l'adjudication ils sont censés s'être rendu compte des procédés adoptés et accepter les essais tels qu'ils viennent d'être décrits. L'adjudicataire ne peut donc, par suite, faire aucune réclamation qu'il baserait sur son ignorance des conséquences de ce mode d'essai, et il n'est fondé à réclamer aucune tolérance pour cause de l'état hygrométrique ou barométrique de l'atmosphère, causes qu'il n'est pas possible d'introduire dans le calcul et qui, d'ailleurs, sont peu influentes. En un mot, le mode d'essai décrit ci-dessus est admis invariablement comme servant de base à l'adjudication des charbons.

Le cahier des charges spéciales fixe la quantité minima de vapeur qui doit être donnée dans l'essai par kilogr. de charbon. Tout combustible qui n'a pas donné cette quantité est rejeté du concours.

7° La détermination des offres des soumissionnaires pour

l'appplication de l'article 34 de l'instruction pour la passation des marchés s'obtient en calculant la valeur au prix de la soumission du charbon nécessaire pour réduire en vapeur 1,000 kilogr. d'eau à 0 degré.

Article 9 *bis* (1).

Concours de vaporisation.

L'adjudication est faite à la suite d'un concours préparatoire ayant pour but de constater, par des essais, la qualité et la puissance évaporatoire du combustible soumissionné. On admet que le meilleur combustible est celui qui permet de produire la tonne de vapeur au prix de revient le plus faible. Par suite, le classement des échantillons s'opère d'après le prix de revient de 1.000 kilogr. d'eau vaporisée par chacun d'eux, c'est ce prix qui est comparé aux prix-limites fixés par le Ministre.

La date de l'ouverture du concours préparatoire est fixée par l'avis au public.

Les concurrents doivent, avant cette date, se faire inscrire à l'établissement et y faire parvenir leur échantillon.

Il leur est délivré un accusé de réception de leur échantillon et ils sont avisés du jour et de l'heure de l'essai auquel ils peuvent assister ou se faire représenter.

Les soumissionnaires peuvent présenter une seule espèce de charbon pour plusieurs lots, quand même ces lots seraient destinés à des chaudières de types différents, pourvu que ce charbon soit susceptible d'un bon emploi dans ces diverses chaudières.

Ne seront pas admis à l'adjudication les combustibles qui sont reconnus préjudiciables à la conservation des chaudières, qui exhalent une odeur trop sulfureuse, qui ne peuvent pas brûler sur les grilles d'une manière satisfaisante et de façon à pourvoir aux variations de production de vapeur qu'exige le service de l'établissement, qui présentent dans leur combustion quelque autre inconvénient grave, ainsi qu'il a été dit à l'article 2, qui n'ont pas la puissance de vaporisation indiquée par le cahier des charges spéciales, ou la proportion de gailletterie indiquée par ce document, s'il en fixe une, ou enfin le degré de cohésion fixé à l'article 3 ci-dessus et éventuellement dans le cahier des charges spéciales.

Dès l'arrivée de chaque échantillon, il est procédé à l'essai de

---

(1) Les établissements spécifient au cahier des charges spéciales à la fourniture celui des deux articles 9 ou 9 *bis*, qu'ils appliqueront pour les essais de vaporisation. En principe, dans les grands établissements, on devra recourir au mode opératoire décrit par l'article 9; le procédé décrit à l'article 9 *bis* continuera à être employé, à défaut de l'autre, dans les établissements qui ne disposent pas de l'installation nécessaire pour exécuter les essais dans les conditions fixées à l'article 9.

gailletterie ou de cohésion, à celui de la teneur en cendres. En outre, il est prélevé quatre échantillons (suivant le procédé indiqué par la note annexée au présent cahier des charges, Essais de laboratoire).

L'essai de vaporisation a lieu dans une chaudière ou une batterie de chaudières de l'établissement, d'emploi courant, produisant journellement une quantité de vapeur à peu près constante, en présence de la commission d'adjudication ou de son délégué, et du soumissionnaire, ou de son représentant dûment accrédité, ou en son absence, s'il n'est pas représenté. Le soumissionnaire ne peut s'immiscer aucunement dans les opérations qui restent entièrement sous la direction de la commission.

Des dispositions sont prises pour mesurer d'une façon précise, à l'aide d'un compteur ou par tout autre procédé, la quantité d'eau introduite pendant toute la durée de l'essai. Cette eau doit avoir sensiblement la même température pendant la durée de tous les essais. On se conforme en outre aux dispositions suivantes :

Allumer le feu pour chaque essai avec une même quantité de bois et de copeaux ou de chiffons ;

Relever le nombre de litres marqué par le compteur ;

Repérer le niveau de l'eau dans le tube à niveau ;

Mettre la chaudière en communication avec le moteur qui l'utilise et, pendant toute la journée, maintenir la pression constante dans la chaudière. Éviter toute perte d'eau de la chaudière pour quelque motif que ce soit.

Un instant avant l'arrêt du moteur, et sans laisser tomber la pression, continuer à alimenter de manière à amener le niveau légèrement au-dessus du repère tracé au commencement de l'opération.

Aussitôt après la fermeture de la valve de vapeur, relever le nombre de litres marqué par le compteur.

Faire la différence des deux nombres indiqués par le compteur pour obtenir la quantité d'eau qui a été consommée.

Pendant toute la durée de l'essai, tenir compte du poids de combustible consommé y compris celui nécessaire pour l'allumage.

Déduire du volume d'eau et du poids de combustible le poids K de combustible consommé pour produire 1.000 kilogr. de vapeur ; noter le poids R des résidus produits par le poids K de combustible (ces poids sont exprimés en tonnes).

La détermination des offres des soumissionnaires pour l'application de l'article 34 de l'instruction pour la passation des marchés s'obtient en calculant la valeur au prix de la soumission du combustible nécessaire pour réduire en vapeur 1.000 kilogr. d'eau. Ce prix P est donné par la formule suivante :

$$P = Kp + fR,$$

p étant le prix demandé par le soumissionnaire pour la tonne de combustible (p n'est connu qu'au moment de l'adjudication).

f étant le prix d'enlèvement et d'évacuation de la tonne de ré-
sidus (variable suivant les conditions locales).

Toutes les circonstances de l'essai et les résultats qu'il aura
donnés sont constatés par un procès-verbal dressé à cet effet
par la commission.

Article 10.

Payement des charbons essayés.

Le règlement des échantillons à payer est fait au prix de l'ad-
judication diminué de 25 p. 100. Toutefois les échantillons qui
n'ont pas été admis au concours ne sont pas payés.

Article 11.

Surveillance en cours de marché. — Expertise.

Les charbons livrés et rendus dans l'établissement doivent
être rigoureusement conformes aux échantillons présentés pour
le concours. A cet effet, la portion des échantillons restant après
ce concours servira de type pour être comparés, s'il est néces-
saire, avec les fournitures.

L'établissement pendant toute la durée du marché, procède
sur les livraisons aux prises d'essais et épreuves nécessaires
pour reconnaître l'identité.

On admet qu'il y a identité d'une part si la différence en gail-
letterie ne dépasse pas 6 unités pour 100, et si la cohésion des
agglomérés est supérieure à 0,50, et, d'autre part, si les diffé-
rences obtenues dans l'essai de laboratoire ne dépassent pas
3 unités pour 100 sur les teneurs en cendres et en gaz combus-
tibles.

L'établissement fera d'ailleurs procéder à toutes prises d'es-
sais et vérifications par un délégué accrédité, soit à la mine,
soit à l'usine de fabrication pour s'assurer de la provenance et
reconnaître l'identité.

Pour toute expédition atteignant ou dépassant 240 tonnes (1),
il sera procédé, sur la demande des fournisseurs, à une récep-
tion provisoire au lieu d'extraction ou de production dans les
conditions qui viennent d'être dites. Cette réception sera défini-
tive au point de vue de l'admission en recette, sauf dans le cas
où il serait constaté que la fourniture reçue à l'établissement
destinataire n'est pas conforme à celle présentée au départ.
D'autre part, ce sont les essais faits à l'arrivée dans la cour de
l'établissement qui, seuls, serviront au calcul des réfactions. Le

---

(1) Le tonnage de 240 tonnes est celui qui correspond aux conditions
les plus avantageuses pour les transports par voie ferrée.

fournisseur sera tenu de mettre à la disposition de l'officier, ingénieur ou agent réceptionnaire, tous appareils et ustensiles nécessaires aux essais de réception provisoire. Les expéditions seront faites aussitôt après, en présence du représentant de l'administration de la guerre.

Les épreuves de laboratoire pour reconnaître l'identité des charbons à l'arrivée et établir éventuellement les réfactions dont traite l'article suivant, ont lieu dans le laboratoire de l'établissement.

Elles sont exécutées par les procédés indiqués dans la note annexée au présent cahier des charges.

Les cahiers des charges spéciales indiquent comment sont formés les échantillons moyens sur lesquels on prélève 500 grammes destinés à l'exécution de ces épreuves.

Si le soumissionnaire ou son représentant n'est pas présent à la prise d'essai, il est tenu à sa disposition un prélèvement semblable de 500 grammes dans un récipient cacheté.

Deux autres prélèvements semblables sont tenus en réserve, comme témoins, en cas de contestation.

En cas de désaccord entre le fournisseur et l'établissement sur la teneur en cendres et la teneur en matières volatiles, il est procédé, sur la demande du fournisseur, à une expertise par les soins de l'administration. Le règlement de la fourniture est alors fait d'après les résultats fournis par cette expertise.

Article 12.

Tolérances et réfactions.

La provenance indiquée (puits ou fosses) ne peut être changée qu'en cas de force majeure, avec l'assentiment de l'établissement et à la condition que le charbon fourni en remplacement soit, à tous autres égards, semblable à celui stipulé.

On ne paye pas l'humidité contenue dans les charbons et agglomérés au delà de 3 p. 100.

Si la proportion de gailletterie est inférieure à celle indiquée comme minimum au cahier des charges spéciales, ou si celui-ci n'indiquant pas de minimum, cette proportion est inférieure de 20 p. 100 à celle de l'échantillon présenté pour le concours, il est fait dans le prix payé, une réduction proportionnelle en partant du prix d'adjudication et en admettant que la valeur de la gailletterie est une fois et demie celle du menu.

Les essais servant à la fixation du prix à payer sont faits en principe sur chaque livraison ; ils comportent un essai de gailletterie qui est fait sur 500 kilogr. de combustible au minimum et un essai de laboratoire exécuté dans les conditions déterminées par la note n° 2 ci-annexée. Si la livraison dépasse 100 tonnes, il est fait autant d'essais de gailletterie et d'essais de laboratoire, que la livraison renferme de fois 100 tonnes.

Le prix à payer est calculé mensuellement d'après la moyenne des résultats des essais ainsi faits.

Toutefois, pour les fournitures peu importantes, les cahiers des charges spéciales pourront spécifier des dérogations à ce mode de fixation du prix à payer ; au besoin cette fixation ne sera faite que trimestriellement.

Soit P le prix de la tonne stipulé pour une composition de N p. 100 en gailletterie : les prix respectifs de la tonne de menu et de gailletterie sont donc supposés de :

$$P \times \frac{100}{100 + 0,5\,N} \text{ pour le menu,}$$

$$1,5\,P \times \frac{100}{100 + 0,5\,N} \text{ pour la gailletterie.}$$

Pour un charbon de composition N' $<$ N, le prix à allouer n'est plus que :

$$P' = \frac{N'}{100} \times 1,5\,P \times \frac{100}{100 + 0,5\,N} \Big) + \frac{100 - N'}{100} \times \Big(P \times \frac{100}{100 + 0,5\,N}\Big)$$

$$\text{ou } P' = P \times \frac{100 + 0,5\,N'}{100 + 0,5\,N}.$$

Pour les teneurs en cendres, on fait les réfactions suivantes :

Quand la teneur en cendres de l'échantillon présenté pour le concours a été reconnue égale à un chiffre t, la retenue est égale à 1 p. 100 du prix du charbon par unité de teneur comprise entre t et $t + 2$ inclusivement, et à 2 p. 100 par unité de teneur au-dessus de $t + 2$.

Toutefois, elle est également de 2 p. 100 par unité de teneur si celle-ci, tout en étant comprise entre t et $t + 2$ est supérieure à 12 p. 100 : par exemple, si $t = 10,5$ et que la fourniture accuse 12,5 de cendres, la retenue est de 3 p. 100 dont 1 p. 100 pour la première unité de teneur en excès et 2 p. 100 pour la seconde. Si $t = 11,5$ et si la fourniture accuse 13,5 la retenue est de 4 p. 100.

On néglige dans le calcul de ces réfactions, les fractions inférieures à 1 p. 100 : c'est-à-dire que si la fourniture accuse une teneur de $t + 2,6$, la réfaction est calculée comme si la teneur de l'échantillon présenté au concours était non pas t, mais $t + 0,6$.

Les charbons ou agglomérés sont refusés quand la teneur en cendres dépasse 15 p. 100, sauf stipulations contraires insérées au cahier des charges spéciales.

Article 13.

Refus.

Sont définitivement rejetées sans attendre les résultats des moyennes mensuelles, les livraisons qui dépassent les tolérances-limites indiquées à l'article précédent, comme aussi les livraisons ne satisfaisant pas aux conditions de provenance ou n'ayant plus d'identité avec le type présenté et admis. Les résultats des essais des livraisons ainsi rejetées n'entrent pas en ligne de compte dans le calcul des moyennes servant de base à la fixation du prix à payer dans les conditions prévues à l'article précédent.

NOTE N° 1.

PRÉLÈVEMENT DES ÉCHANTILLONS.

Pour la prise d'échantillons d'une fourniture de charbon, trois cas peuvent se présenter :

1° Le charbon est en cours de livraison ;

2° Il est déjà en tas dans la cour de l'établissement ;

3° Il est en cours d'emploi.

a) *Le charbon est en cours de livraison.* — Dans ce cas il est facile de prélever sur chaque tombereau au moment du débarquement, une pelletée composée d'une proportion de morceaux, de tout venant et de poussier, analogue à celle qui doit être fournie.

L'ensemble de ces pelletées, mises à part dans une caisse, représentera ainsi assez exactement. si l'opérateur a été consciencieux, la moyenne de la fourniture.

b) *Le charbon est déjà en tas dans la cour de l'établissement.* — Alors, le prélèvement de l'échantillon n'est pas susceptible d'être fait avec toute la rigueur désirable, à moins de manutentionner et de déplacer tout le tas, ce qui est à peu près impraticable.

On peut faire dans le tas des tranchées complètes en long et en travers, de telle façon que le tas se trouve divisé en 4, 6, 8 parties égales. En faisant la tranchée, on prélèverait sur toute la hauteur une tranche de largeur uniforme, en rejetant sur les côté le surplus, au fur et à mesure de l'approfondissement de la tranchée. On peut aussi prélever des pelletées à des distances égales les unes des autres, sur toutes les faces accessibles.

Mais il est évident que le charbon qui forme l'intérieur du tas échappe ainsi à tout prélèvement.

c) *Le charbon est en cours d'emploi.* — Dans ce cas, on peut, à des intervalles de temps égaux, tous les huit jours par exemple, prélever sur le flanc d'abatage un échantillon moyen et avoir ainsi, de huit en huit jours, la composition moyenne du tas. On peut aussi à l'arrivée aux générateurs de tous les dix ou vingt wagonnets ou brouettées, mais toujours au bout d'un même nombre de wagonnets ou brouettées, prélever une pelletée moyenne.

Évidemment, c'est le prélèvement au cours de livraison, ou en cours d'emploi du charbon, qui présente le plus de chance d'exactitude.

NOTE N° 2.

ESSAIS DE LABORATOIRE.

Préparation de l'échantillon moyen. — Sur les tas de menu et de gailletterie formés à la suite de l'exécution de l'essai de gailletterie, prélever 100 kilogr. dans les proportions de l'échantillon (ou 100 kilogr. de briquettes).

Les établissements pourvus d'un broyeur à boulets, à meules, etc., ou d'un appareil analogue feront passer les 100 kilogr. au broyeur de manière à les transformer en une poudre homogène.

Les établissements qui ne possèdent pas de broyeur procèdent de la façon suivante :

Concasser le tout en morceaux de $0^m,01$ au maximum, étaler uniformément l'ensemble sur une aire en planches rabotées et jointives, ou sur une aire en ciment, en une couche de $0^m,10$ d'épaisseur et en forme de carré.

Dans ce carré, isoler successivement deux bandes de $0^m,10$ de largeur suivant les deux diagonales, au moyen de deux règles minces insérées verticalement dans la couche, et prélever les deux bandes ainsi isolées.

Avec le charbon provenant de ces deux bandes, former un nouveau carré de $0^m,50$ de côté et prélever dans ce carré, comme ci-dessus, deux bandes diagonales de $0^m,10$ de largeur

Pulvériser finement le charbon ainsi préparé.

Quel que soit le moyen employé pour obtenir la poudre, on en remplit quatre flacons de verre à large goulot contenant chacun environ 500 grammes, bouchés à l'émeri ; numéroter et cacheter ces quatre récipients.

Le premier flacon servira à l'exécution des essais de laboratoire.

Le deuxième sera tenu à la disposition du soumissionnaire.

Les deux autres seront conservés par l'établissement pour servir en cas de contestation.

MANIÈRE D'EXÉCUTER LES ESSAIS.

1° *Détermination de la teneur en eau.* — On opère sur 25 à 30 grammes d'échantillon, qui sont desséchés jusqu'à poids constant dans une étuve chauffée à 100 degrés (de préférence une étuve à eau bouillante). La dessiccation est continuée jusqu'à ce que deux pesées consécutives donnent le même poids : la perte de poids de la prise d'essai ramenée à 100, donne la teneur en eau.

2° *Dosage des cendres.* — Dans des capsules plates à incinération, en platine ou en porcelaine, tarées, on pèse des prises d'essai de cinq grammes environ. On porte les capsules au four à moufle, en les plaçant d'abord à l'entrée de manière à élever progressivement la température, puis on incinère.

On retire les capsules, on laisse refroidir et on vérifie s'il ne reste pas de points noirs, dus à du charbon non incinéré. En pesant alors les capsules, on obtient par différence le poids des cendres.

On opère pour trois capsules pour chaque échantillon, la moyenne des résultats est prise pour la teneur en cendres.

3° *Détermination de la teneur en charbon fixe et en gaz combustible.* — Dans un creuset de platine muni d'un couvercle fermant bien et préalablement taré, on introduit environ 1 gramme de l'échantillon et on pèse exactement le tout ; on le porte alors au rouge vif et on maintient cette température jusqu'à ce que les gaz produits, qui viennent brûler entre le creuset et son couvercle, aient complètement cessé de se dégager. On laisse refroidir, la perte de poids du creuset donne la somme des gaz combustibles et de l'eau ; le poids du résidu du coke qui reste au fond du creuset est celui du charbon fixe augmenté des cendres.

On recommence trois fois cet essai et on prend la moyenne des résultats trouvés.

4° *Expression des résultats.* — Pour rendre les résultats directement comparables, on exprime séparément, d'une part, la proportion d'eau et d'autre part, la composition du charbon sec, l'identité ou la non-identité des échantillons résulte alors immédiatement de la comparaison des nombres obtenus, quel que soit le degré de siccité ou d'humidité que les combustibles aient pu acquérir par suite de circonstances diverses.

On peut, d'ailleurs, pour les opérations 2° et 3° décrites ci-dessus, soit opérer sur l'échantillon desséché obtenu en 1°, soit sur l'échantillon tel quel, en déduisant des prises d'essai, par le calcul, la proportion d'eau obtenue en 1°.

MODÈLE DE PROCÈS-VERBAL D'ESSAI.

Eau. . . . .   4,2 p. 100

Composition de l'échantillon sec :

Gaz combustibles. . . . .   17,3 p. 100
Charbon fixe. . . . .   71,3 p. 100
Cendres . . . .   11,4 p. 100

Le Sous-Secrétaire d'Etat,
HENRY CHÉRON.

Librairie militaire Henri CHARLES-LAVAUZELLE

Paris et Limoges.

REFONTE DU BULLETIN OFFICIEL DU MINISTÈRE DE LA GUERRE

Administration et comptabilité intérieures des corps de troupe. Dispositions générales. — Volume arrêté à la date du 20 mars 1906.
TEXTE. 1 volume, cartonné .... » 75
MODÈLES. 1 volume, cartonné 2 50

Masse des écoles (à jour au 30 mai 1903). 36 pages, cartonné .... » 50

Décret du 22 janvier 1907 portant règlement sur le service de l'habillement dans les corps de troupe (Masse d'habillement). 300 pages, cartonné 1 25

Administration et comptabilité des corps de troupe. Service de l'habillement (Masse). Barème de la richesse théorique. (Volume arrêté à la date du 6 juillet 1904.) 180 pages 2 50

Service de l'habillement dans les corps de troupe. Dispositions diverses (à jour au 1er mai 1905), 158 pages, cartonné 1 25

ADMINISTRATION ET COMPTABILITÉ DES CORPS DE TROUPE. — **Tarif des confections, retouches et réparations des effets du service de l'habillement.** (Volume arrêté à la date du 1er juin 1907.) 146 pages, cartonné 1 20

ADMINISTRATION ET COMPTABILITÉ DES CORPS DE TROUPE. — **Décret du 8 février 1907** portant règlement sur le service du chauffage et de l'éclairage dans les corps de troupe. — Vol. in-8° de 462 pages. 1 50

Service du harnachement dans les corps de troupe (à jour au 1er décembre 1899). 226 pages, broché, 2 fr.; relié toile .... 3 »

Service du harnachement (masse) dans les corps de troupe de l'artillerie et du train des équipages militaires. — Volume arrêté à la date du 15 juin 1907. — 114 pages, cartonné .... 1 »

Service du harnachement (masse) dans les corps de troupe du génie. — (Volume arrêté à la date du 5 août 1903.) Cartonné .... 1 »

ADMINISTRATION ET COMPTABILITÉ INTÉRIEURES DES CORPS DE TROUPE. — **Ordinaires.** — Volume arrêté à la date du 15 juin 1909. — 254 pages, cartonné .... 2 »

Comptabilité en campagne et service de l'habillement et du harnachement en temps de guerre, corps de troupe de toutes armes (à jour jusqu'en février 1908). 168 pages, cartonné .... » 85

Couchage et ameublement. — Volume arrêté à la date du 1er avril 1907. — In-8° de 292 pages .... 1 »

Archives de la guerre (édition à jour jusqu'au 1er août 1900). 96 pages, avec modèles, broché, 1 fr.; relié toile 1 50

Poudres et explosifs (à jour au 15 février 1909). 68 pages, cartonné. » 60

Service des forges. — Volume arrêté à la date du 14 juin 1908. — 68 pages, cartonné .... » 75

Tarif des réparations aux armes portatives. — Volume arrêté à la date du 1er septembre 1907. — 184 pages, cartonné 1 50

Instruction du 4 avril 1903 sur le service et l'entretien du harnachement dans les établissements de l'artillerie, avec tableaux et suivi de 4 annexes, 46 pages, cartonné .... » 50

Artillerie. — Écritures concernant les mouvements intérieurs dans les places comptables et la tenue des magasins. — Volume arrêté à la date du 20 janvier 1905. 52 pages, cartonné .... » 50

Librairie militaire Henri CHARLES-LAVAUZELLE
Paris et Limoges.

Comptabilité du matériel mis à la disposition des corps de troupe de l'artillerie et du train des équipages militaires par les établissements et les parcs d'artillerie. Vol. arrêté à la date du 15 juin 1905. 48 pag., cart.   » 50

Instruction sur le service de l'armement approuvée le 30 août 1884 (à jour jusqu'au 1er mars 1908). 322 pages, cartonné................. 2 25

Artillerie. Documents divers relatifs aux établissements de l'arme. (Volume arrêté à la date du 1er janvier 1905). 180 pages, cartonné... 1 40

Avancement dans l'armée et état des officiers (à jour au 1er juin 1904). 288 pages, cartonné.. 2 25

Comptabilité générale et marchés. — **Dispositions générales et diverses.** (Volume arrêté à la date du 1er août 1903). 152 pages, cartonné. 1 25

Comptabilité générale et marchés. — **Règlement du 3 avril 1869 et instruction pour l'application de ce règlement.**
Texte. (Volume arrêté à la date du 1er août 1903). 206 pages, cartonné. 1 50
Modèles. (Vol. mis à jour jusqu'en février 1904). 136 pages, cartonné. 1 25

Nomenclature des pièces à produire à l'appui des ordonnances ou mandats et analyse du mode d'administration, de comptabilité et de payement des divers services. (Volume arrêté à la date du 1er août 1903.) 250 pages, cartonné.. 2 »

Comptabilité générale et marchés. — **Marchés.** (Volume arrêté à la date du 20 juillet 1903). 326 pages, cartonné....................... 2 50

Comptabilité générale et marchés. — **Comptabilité des dépenses engagées** (à jour au 15 septembre 1904). 100 pages, cartonné...... 1 »

Comptabilité générale et marchés. — **Liquidation des dépenses.** (Volume arrêté à la date du 24 mars 1904). 330 pages, cartonné..... 3 »

Comptabilité générale et marchés. — **Dispositions spéciales aux comptes-matières.** (Volume arrêté à la date du 1er janvier 1903).
Texte. 176 pages, cartonné...................................... 1 25
Modèles. 330 pages, cartonné................................... 2 25

Condition civile et politique des militaires (à jour en 1902). 144 pages, cartonné... 1 25

Couchage et ameublement. (Instruction du 25 mars 1907.) (2e édition, mise à jour au 16 juillet 1907.) — Volume in-8° de 290 pages............ 1 »

Décorations (à jour au 1er mai 1896). 108 pag., broc., 1 fr.; relié toile. 1 75

Discipline générale (à jour au 1er octobre 1906). 116 pages, cartonné. 1 »

Ecoles militaires. Dispositions organiques et diverses. — 1er Volume. (toutes les écoles, sauf les Ecoles militaires préparatoires et l'orphelinat Hériot. (Vol. arrêté à la date du 15 mars 1904.) 528 pages, cartonné. 4 »

Ecoles militaires. Dispositions organiques et diverses. — 2e Volume (enfants de troupe, Ecoles militaires préparatoires, orphelinat Hériot.) (10 novembre 1903). 1 volume in-8°, cartonné................... 3 50

Règlement du 3 janvier 1903 sur l'administration et la comptabilité des Ecoles militaires. (Volume arrêté à la date du 3 janvier 1903.)
Texte. 134 pages, cartonné.....   .... 1 »
Modèles. 192 pages, broché, 1 fr. 50; relié toile.................. 2 25
Modèles nouveaux arrêtés à la date du 3 janvier 1903. (Annexe au volume n° 34.) 134 pages, broché................................... 1 »

Règlement sur le service de l'habillement dans les écoles militaires (à jour au 15 avril 1897). 100 pages, avec tableaux, tarifs et modèles, broché, 1 fr. 25; relié toile....................................... 2 »

Le Catalogue général de la Librairie militaire est envoyé gratuitement à toute personne qui en fait la demande à l'éditeur Henri CHARLES-LAVAUZELLE.